长江三角洲区域一体化发展规划纲要

人民出版社

目　　录

中共中央国务院印发《长江三角洲区域一体化发展规划纲要》

新华社北京 2019 年 12 月 1 日电　中共中央、国务院印发了《长江三角洲区域一体化发展规划纲要》，并发出通知，要求各地区各部门结合实际认真贯彻落实。

《长江三角洲区域一体化发展规划纲要》主要内容如下。

长江三角洲区域一体化发展规划纲要

前　　言

2018年11月5日，习近平总书记在首届中国国际进口博览会上宣布，支持长江三角洲区域一体化发展并上升为国家战略，着力落实新发展理念，构建现代化经济体系，推进更高起点的深化改革和更高层次的对外开放，同"一带一路"建设、京津冀协同发展、长江经济带发展、粤港澳大湾区建设相互配合，完善中国改革开放空间布局。

长江三角洲（以下简称长三角）地区是我国经济发展最活跃、开放程度最高、创新能力最强的区域之一，在国家现代化建设大局和全方位开放格局中具有举足轻重的战略地位。推动长三角一体化发展,增强长三角地区创新能力和竞争能力,提高经济集聚度、区域连接性和政策协同效率,对引领全国高质量发展、建设现代化经济体系意义重大。为深入贯彻党的十九大精神,全面落实党中央、国务院战略部署,编制本规划纲要。

规划范围包括上海市、江苏省、浙江省、安徽省全域(面积35.8万平方公里)。以上海市,江苏省南京、无锡、常州、苏州、南通、扬州、镇江、盐城、泰州,浙江省杭州、宁波、温州、湖州、嘉兴、绍兴、金华、舟山、台州,安徽省合肥、芜湖、马鞍山、铜陵、安庆、滁州、池州、宣城27个城市为中心区(面积22.5万平方公里),辐射带动长三角地区高质量发展。以上海青浦、江苏吴江、浙江嘉善为长三角生态绿色一体化发展示范区(面积约2300平方公里),示范引领长三角地区更高质量一体化发展。以上海临港等地区为中国(上海)自由贸易试验区新片区,打造与国际通行规则相衔接、更具国际市场影响力和竞争力的特殊经济功能区。

本规划纲要是指导长三角地区当前和今后一个时期一体化发展的纲领性文件,是制定相关规划和政策的依据。规划期至2025年,展望到2035年。

第一章　发展背景

改革开放特别是党的十八大以来,长三角一体化发展取得明显成效,经济社会发展走在全国前列,具备更高起点上推动更高质量一体化发展的良好条件,也面临新的机遇和挑战。

第一节　发展基础

经济社会发展全国领先。深入实施"八八战略"等重大战略部署,勇挑全国改革开放排头兵、创新发展先行者重担,经济社会发展取得举世瞩目的成就,成为引领全国经济发展的重要引擎。经济实力较强,经济总量约占全国1/4,全员劳动生产率位居全国前列。社会事业加快发展,公共服务相对均衡,社会治理共建共治共享格局初步形成,人民获得感、幸福感、安全感不断增强。

科技创新优势明显。科教资源丰富,拥有上海张江、安徽合肥2个综合性国家科学中心,全国约1/4的"双一流"高校、国家重点实验室、国家工程研究中心。区域创新能力强,年研发经费支出和有效发明专利数均占全国 1/3 左右,上海、南京、杭州、合肥研发强度均超过 3%。科创产业紧密融合,大数据、云计算、物联网、人工智能等新技术与传统产业渗透融合,集成电路和软件信息服务产业规模分别约占全国 1/2 和 1/3,在电子信息、生物医药、高端装备、新能源、新材料等领域形成了一批国际竞争力较强的创新共同体和产业集群。

开放合作协同高效。拥有通江达海、承东启西、联南接北的区位优势,口岸资源优良,国际联系紧密,协同开放水平较高。拥有开放口岸 46 个,进出口总额、外商直接投资、对外投资分别占全国的 37%、39% 和 29%,自由贸易试验区探索形成了国际贸易"单一窗口"等一批可复制可推广经验,首届中国国际进口博览会成功举办。统一市场体系联建共享,"一网通办"、"最多跑一次"、"不见面审批"等改革成为全国品牌,营商环境位居前列。设立长三角区域合作办公室,建立 G60 科创走廊等一批跨区域合作平台,三级运作、统分结合的长三角区域合作机制有效运转。

重大基础设施基本联通。交通干线密度较高,省际高速公路基本贯通,主要城市间高速铁路有效连接,沿海、沿江联动协作的航运体系初步形成,区域机场群体系基本建立。电力、天然气主干网等能源基础设施相对完善，防洪、供水等水利基础设施体系基本建成，光纤宽带、4G 网络等信息基础设施水平在全国领先。

生态环境联动共保。绿水青山就是金山银山理念深入人心，"千村示范、万村整治"工程谱写美丽中国建设新篇章，新安江流域生态补偿形成可复制可推广经验，全国森林城市、环保模范城市和生态城市较为密集，河长制湖长制率先施行并在全国推广。空气、水、土壤污染联防联治联动机制逐步完善，太湖、淮河等流域合作治理取得明显成效。333 条地表水国考断面中水质Ⅲ类及以上占 77%，41 个城市细颗粒物（PM$_{2.5}$）平均浓度较 2015 年下降 19%。

公共服务初步共享。公共服务体系相对完善，依托名牌高校成立了 4 家跨区域联合职业教育集团，城市医院协同发展联盟成员已覆盖长三角 30 个城市112 家三甲医院，养老服务协商协作机制初步建立。跨区域社会保障便利化程度明显提高，目前参保患者跨省异地就医直接结算近 23.6 万人次、结算医疗费用约 54 亿元。

城镇乡村协调互动。城镇体系完备，常住人口城镇化率超过 60%，大中小城市协同发展，各具特色的小城镇星罗棋布，城镇之间经济社会联系密切。上海中心城市辐射带动作用较好发挥，南京、杭州、合肥、苏锡常、宁波等城市群建设成效明显，同城化效应日益显现。城乡发展比较协调，城乡居民收入差距相对较小，城乡要素双向流动，形成了可复制可推广的乡村成功发展模式。

第二节　机遇挑战

重要机遇。当今世界面临百年未有之大变局，全球治理体系和国际秩序变革加速推进，世界新一轮科技革命和产业变革同我国经济优化升级交汇融合，为长三角一体化发展提供了良好的外部环境。中国特色社会主义进入新时代，我国经济转向高质量发展阶段，对长三角一体化发展提出了更高要求。"一带一路"建设和长江经济带发展战略深入实施，为长三角一体化发展注入了新动力。党中央、国务院作出将长三角一体化发展上升为国家战略的重大决策，为长三角一体化发展带来新机遇。

主要挑战。国际上保护主义、单边主义抬头，经济全球化趋势放缓，世界经济增长不确定性较大，长三角一体化发展面临更加复杂多变的国际环境。区域内发展不平衡不充分,跨区域共建共享共保共治机制尚不健全,基础设施、生态环境、公共服务一体化发展水平有待提高;科创和产业融合不够深入,产业发展的协同性有待提升;阻碍经济社会高质量发展的行政壁垒仍未完全打破,统一开放的市场体系尚未形成;全面深化改革还没有形成系统集成效应,与国际通行规则相衔接的制度体系尚未建立。这些都给长三角一体化发展带来新的挑战。

第三节　重大意义

实施长三角一体化发展战略,是引领全国高质量发展、完善我国改革开放空间布局、打造我国发展强劲活跃增长极的重大战略举措。推进长三角一体化发展,有利于提升长三角在世界经济格局中的能级和水平,引领我国参与全球合作和竞争;有利于深入实施区域协调发展战略,探索区域一体化发展的制度体系和路径模式,引领长江经济带发展,为全国区域一体化发展提供示范;有利于充分发挥区域内各地区的比较优势,提升长三角地区整体综合实力,在全面建设社会主义现代化国家新征程中走在全国前列。

第二章　总体要求

第一节　指导思想

以习近平新时代中国特色社会主义思想为指导，全面贯彻党的十九大和十九届二中、三中全会精神，坚持党中央集中统一领导，按照党中央、国务院决策部署，统筹推进"五位一体"总体布局，协调推进"四个全面"战略布局，坚持稳中求进工作总基调，坚持新发展理念，坚持推动高质量发展，坚持以供给侧结构性改革为主线，坚持深化市场化改革、扩大高水平开放，加快建设现代化经济体系，着力推动形成区域协调发展新格局，着力加强协同创新产业体系建设，着力提升基础设施互联互通水平，着力强化生态环境共保联治，着力加快公共服务便利共享，着力推进更高水平协同开放，着力创新一体化发展体制机制，建设长三角生态绿色一体化发展示范区和中国（上海）自由贸易试验区新片区，努力提升配置全球资源能力和增强创新策源能力，建成我国发展强劲活跃增长极。

第二节　基本原则

——坚持创新共建。推动科技创新与产业发展深度融合,促进人才流动和科研资源共享,整合区域创新资源,联合开展卡脖子关键核心技术攻关,打造区域创新共同体,共同完善技术创新链,形成区域联动、分工协作、协同推进的技术创新体系。

——坚持协调共进。着眼于一盘棋整体谋划,进一步发挥上海龙头带动作用,苏浙皖各扬所长,推动城乡区域融合发展和跨界区域合作,提升区域整体竞争力,形成分工合理、优势互补、各具特色的协调发展格局。

——坚持绿色共保。践行绿水青山就是金山银山的理念,贯彻山水林田湖草是生命共同体的思想,推进生态环境共保联治,形成绿色低碳的生产生活方式,共同打造绿色发展底色,探索经济发展和生态环境保护相辅相成、相得益彰的新路子。

——坚持开放共赢。打造高水平开放平台,对接国际通行的投资贸易规则,放大改革创新叠加效应,培育国际合作和竞争新优势,营造市场统一开放、规则标准互认、要素自由流动的发展环境,构建互惠互利、求同存异、合作共赢的开放发展新体制。

——坚持民生共享。增加优质公共服务供给,扩大配置范围,不断保障和改善民生,使改革发展成果更加普惠便利,让长三角居民在一体化发展中有更多获得感、幸福感、安全感,促进人的全面发展和人民共同富裕。

第三节 战略定位

全国发展强劲活跃增长极。加强创新策源能力建设,构建现代化经济体系,提高资源集约节约利用水平和整体经济效率,提升参与全球资源配置和竞争能力,增强对全国经济发展的影响力和带动力,持续提高对全国经济增长的贡献率。

全国高质量发展样板区。坚定不移贯彻新发展理念,提升科技创新和产业融合发展能力,提高城乡区域协调发展水平,打造和谐共生绿色发展样板,形成协同开放发展新格局,开创普惠便利共享发展新局面,率先实现质量变革、效率变革、动力变革,在全国发展版图上不断增添高质量发展板块。

率先基本实现现代化引领区。着眼基本实现现代化,进一步增强经济实力、科技实力,在创新型国家建设中发挥重要作用,大力推动法治社会、法治政府建设,加强和创新社会治理,培育和践行社会主义核心价值观,弘扬中华文化,显著提升人民群众生活水平,走在全国现代化建设前列。

区域一体化发展示范区。深化跨区域合作,形成一体化发展市场体系,率先实现基础设施互联互通、科创产业深度融合、生态环境共保联治、公共服务普惠共享,推动区域一体化发展从项目协同走向区域一体化制度创新,为全国其他区域一体化发展提供示范。

新时代改革开放新高地。坚决破除条条框框、思维定势束缚,推进更高起点的深化改革和更高层次的对外开放,加快各类改革试点举措集中落实、率先突破和系统集成,以更大力度推进全方位开放,打造新时代改革开放新高地。

第四节　发展目标

到 2025 年,长三角一体化发展取得实质性进展。跨界区域、城市乡村等区域板块一体化发展达到较高水平,在科创产业、基础设施、生态环境、公共服务等领域基本实现一体化发展,全面建立一体化发展的体制机制。

城乡区域协调发展格局基本形成。上海服务功能进一步提升,苏浙皖比较优势充分发挥。城市群同城化水平进一步提高,各城市群之间高效联动。省际毗邻地区和跨界区域一体化发展探索形成经验制度。城乡融合、乡村振兴取得显著成效。到 2025 年,中心区城乡居民收入差距控制在 2.2∶1 以内,中心区人均 GDP 与全域人均 GDP 差距缩小到 1.2∶1,常住人口城镇化率达到 70%。

科创产业融合发展体系基本建立。区域协同创新体系基本形成,成为全国重要创新策源地。优势产业领域竞争力进一步增强,形成若干世界级产业集群。创新链与产业链深度融合,产业迈向中高端。到 2025 年,研发投入强度达到 3% 以上,科技进步贡献率达到 65%,高技术产业产值占规模以上工业总产值比重达到 18%。

基础设施互联互通基本实现。轨道上的长三角基本建成,省际公路通达能力进一步提升,世界级机场群体系基本形成,港口群联动协作成效显著。能源安全供应和互济互保能力明显提高,新一代信息设施率先布局成网,安全可控的水网工程体系基本建成,重要江河骨干堤防全面达标。到 2025 年,铁路网密度达到

507公里/万平方公里,高速公路密度达到5公里/百平方公里,5G网络覆盖率达到80%。

生态环境共保联治能力显著提升。跨区域跨流域生态网络基本形成,优质生态产品供给能力不断提升。环境污染联防联治机制有效运行,区域突出环境问题得到有效治理。生态环境协同监管体系基本建立,区域生态补偿机制更加完善,生态环境质量总体改善。到2025年,细颗粒物(PM$_{2.5}$)平均浓度总体达标,地级及以上城市空气质量优良天数比率达到80%以上,跨界河流断面水质达标率达到80%,单位GDP能耗较2017年下降10%。

公共服务便利共享水平明显提高。基本公共服务标准体系基本建立,率先实现基本公共服务均等化。全面提升非基本公共服务供给能力和供给质量,人民群众美好生活需要基本满足。到2025年,人均公共财政支出达到2.1万元,劳动年龄人口平均受教育年限达到11.5年,人均期望寿命达到79岁。

一体化体制机制更加有效。资源要素有序自由流动,统一开放的市场体系基本建立。行政壁垒逐步消除,一体化制度体系更加健全。与国际接轨的通行规则基本建立,协同开放达到更高水平。制度性交易成本明显降低,营商环境显著改善。

到 2035 年,长三角一体化发展达到较高水平。现代化经济体系基本建成,城乡区域差距明显缩小,公共服务水平趋于均衡,基础设施互联互通全面实现,人民基本生活保障水平大体相当,一体化发展体制机制更加完善,整体达到全国领先水平,成为最具影响力和带动力的强劲活跃增长极。

第三章　推动形成区域协调发展新格局

发挥上海龙头带动作用,苏浙皖各扬所长,加强跨区域协调互动,提升都市圈一体化水平,推动城乡融合发展,构建区域联动协作、城乡融合发展、优势充分发挥的协调发展新格局。

第一节　强化区域联动发展

提升上海服务功能。面向全球、面向未来,提升上海城市能级和核心竞争力,引领长三角一体化发展。围绕国际经济、金融、贸易、航运和科技创新"五个中心"建设,着力提升上海大都市综合经济实力、金融资源配置功能、贸易枢纽功能、航运高端服务功能和科技创新策源能力,有序疏解一般制造等非大都市核心功能。形成有影响力的上海服务、上海制造、上海购物、上海文化"四大品牌",推动上海品牌和管理模式全面输出,为长三角高质量发展和参与国际竞争提供服务。

发挥苏浙皖比较优势。强化分工合作、错位发展,提升区域发展整体水平和效率。发挥江苏制造业发达、科教资源丰富、开放程度高等优势,推进沿沪宁产业创新带发展,加快苏南自主创新示范区、南京江北新区建设,打造具有全球影响力的科技产业创新中心和具有国际竞争力的先进制造业基地。发挥浙江数字经济领先、生态环境优美、民营经济发达等特色优势,大力推进大湾区大花园大通道大都市区建设,整合提升一批集聚发展平台,打造全国数字经济创新高地、对外开放重要枢纽和绿色发展新标杆。发挥安徽创新活跃强劲、制造特色鲜明、生态资源良好、内陆腹地广阔等优势,推进皖江城市带联动发展,加快合芜蚌自主创新示范区建设,打造具有重要影响力的科技创新策源地、新兴产业聚集地和绿色发展样板区。

加强区域合作联动。推动长三角中心区一体化发展,带动长三角其他地区加快发展,引领长江经济带开放发展。加强长三角中心区城市间的合作联动,建立城市间重大事项重大项目共商共建机制。引导长三角市场联动发展,推动跨地域跨行业商品市场互联互通、资源共享,统筹规划商品流通基础设施布局,推动内外贸融合发展,畅通长三角市场网络。加强长三角中心区与苏北、浙西南、皖北等地区的深层合作,加强徐州、衢州、安庆、阜阳等区域重点城市建设,辐射带动周边地区协同发展。探索共建合作园区等合作模式,共同拓展发展空间。依托交通大通道,以市场化、法治化方式加强合作,持续有序推进 G60 科创走廊建设,打造科技和制度创新双轮驱动、产业和城市一体化发展的先行先试走廊。深化长三角与长江中上游区域的合作交流,加强沿江港口、高铁和高速公路联动建设,推动长江上下游区域一体化发展。

第二节　加快都市圈一体化发展

推动都市圈同城化。以基础设施一体化和公共服务一卡通为着力点,加快南京、杭州、合肥、苏锡常、宁波都市圈建设,提升都市圈同城化水平。统一规划建设都市圈内路、水、电、气、邮、信息等基础设施,加强中心城市与都市圈内其他城市的市域和城际铁路、道路交通、毗邻地区公交线路对接,构建快速便捷都市通勤圈。实现都市圈内教育、医疗、文化等优质服务资源一卡通共享，扩大公共服务辐射半径，打造优质生活空间。推动中心城市非核心功能向周边城市（镇）疏解，在有条件的地方打造功能疏解承载地。推动都市圈内新型城市建设，打造功能复合、智慧互联、绿色低碳、开放包容的未来城市。

推进都市圈协调联动。加强都市圈间合作互动，高水平打造长三角世界级城市群。推动上海与近沪区域及苏锡常都市圈联动发展，构建上海大都市圈。加强南京都市圈与合肥都市圈协同发展，打造东中部区域协调发展的典范。推动杭州都市圈与宁波都市圈的紧密对接和分工合作，实现杭绍甬一体化。建设宁杭生态经济带，强化南京都市圈与杭州都市圈协调联动。加强淮河生态经济带、大运河文化带建设，发展环太湖生态文化旅游，促进都市圈联动发展。加强都市圈间重大基础设施统筹规划，加快大通道、大枢纽建设，提高城际铁路、高速公路的路网密度。加快建立都市圈间重大事项协调推进机制，探索协同治理新模式。

第三节　促进城乡融合发展

提高城乡基础设施联通水平。加快覆盖城乡的公路、电力、天然气、供水、信息、物流和垃圾污水收集处理等基础设施建设，形成联通中心城市、县城、中心镇、中心村的基础设施网络。推动中心区农村公路提挡升级、电网升级改造、天然气管网延伸布局、宽带网络建设应用、垃圾污水集中处置，鼓励有条件的县市区建设统一的供水管网，加强农村饮水安全设施建设，提高城乡基础设施互联互通和便捷高效水平。加大苏北、浙西南、皖北等城乡基础设施投入和支持力度，加强大别山革命老区对外联通通道建设，实施农村基础设施补短板工程，提高区域交通通达能力和其他基础设施综合配套水平。

推动城乡公共服务一体化。统筹推进城乡公共服务一体化发展，推动城乡公共服务便利共享，提升农村基本公共服务水平。完善统一的城乡居民基本医疗保险和基本养老保险制度，提升农村居民保障水平。优化农村基础教育学校布局，建立城乡教育联合体，推动城乡校长教师轮岗交流，提高农村基础教育整体水平。鼓励县级医院与乡村医疗卫生机构组建县域医疗服务共同体，推动城市大医院与县级医院建立对口支援、巡回医疗和远程医疗制度。加大农村医务人员培训力度，提高农村医疗服务能力。推行城乡社区服务目录制度,促进城乡社区服务标准衔接和区域统筹。

全面推进人的城镇化。加快以人为核心的综合配套改革,破除制约人全面发展的体制机制障碍,提升人的城镇化水平。深化户籍制度改革,构建城乡居民身份地位平等的户籍登记制度。推进城镇基本公共服务常住人口全覆盖,提高城市包容性,有序推进农业转移人口市民化。完善适应上海超大城市特点的户籍管理制度和南京、杭州特大城市的积分落户制度,提升中心区其他城市人口集聚能力,全面放开Ⅱ型大城市、中小城市及建制镇的落户限制,有序推动农村人口向条件较好、发展空间较大的城镇、特色小镇和中心村相对集中居住和创业发展。推动城乡人才双向流动,鼓励和引导城市人才回乡创业兴业。

提升乡村发展品质。大力实施乡村振兴战略,推动农村一二三产业深度融合,提高农民素质,全面建设美丽乡村。加强农产品质量安全追溯体系建设和区域公用品牌、企业品牌、产品品牌等农业品牌创建,建立区域一体化的农产品展销展示平台,促进农产品加工、休闲农业与乡村旅游和相关配套服务融合发展,发展精而美的特色乡村经济。推广浙江"千村示范、万村整治"工程经验,加快农村人居环境整治,打造农村宜居宜业生产生活生态空间。加强独具自然生态与地域文化风貌特色的古镇名村、居住群落、历史建筑及非物质文化遗产的整体性保护,全面繁荣乡村文化。建立健全党组织领导的自治、法治、德治相结合的乡村治理体系,促进农村社会全面进步。提高农民文化素养,提升农村现代文明水平。

第四节 推进跨界区域共建共享

推动省际毗邻区域协同发展。加强跨区域合作,探索省际毗邻区域协同发展新机制。推动宁波前湾沪浙合作发展区、嘉兴全面接轨上海桥头堡建设,打造上海配套功能拓展区和非核心功能疏解承载地。加强浙沪洋山区域合作开发,共同提升国际航运服务功能。支持虹桥—昆山—相城、嘉定—昆山—太仓、金山—平湖、顶山—汊河、浦口—南谯、江宁—博望等省际毗邻区域开展深度合作,加强规划衔接,统筹布局生产生活空间,共享公共服务设施,强化社会治安协同管理,加强重大污染、安全事故等联合管控与应急处置,共同推动跨区域产城融合发展。

共建省际产业合作园区。加强省际产业合作,有序推动产业跨区域转移和生产要素双向流动。推广上海临港、苏州工业园区合作开发管理模式,提升合作园区开发建设和管理水平。继续推进皖江城市带承接产业转移示范区、连云港东中西区域合作示范区、江苏沿海地区发展。加快推进沪苏大丰产业联动集聚区、上海漕河泾新兴技术开发区海宁分区、中新苏滁现代产业合作园、中新嘉善现代产业合作园等一批省际合作园区建设,推动产业深度对接、集群发展。

联合推动跨界生态文化旅游发展。加强跨界江河湖荡、丘陵山地、近海沿岸等自然与人文景观保护开发,在共同保护中开发,在共同开发中保护,形成自然生态优美、文化底蕴深厚、旅游资源充分利用的生活休闲开敞空间。统筹规划建设长江、淮河、大运河和新安江上下游两岸景观,加强环太湖、杭州湾、海洋海岛人文景观协同保护,强化跨界丘陵山地的开发管控和景观协调,加快江南水乡古镇生态文化旅游和皖南国际文化旅游发展,加强浙皖闽赣生态旅游协作,共同打造长三角绿色美丽大花园。

第四章　加强协同创新产业体系建设

深入实施创新驱动发展战略,走"科创+产业"道路,促进创新链与产业链深度融合,以科创中心建设为引领,打造产业升级版和实体经济发展高地,不断提升在全球价值链中的位势,为高质量一体化发展注入强劲动能。

第一节　构建区域创新共同体

联合提升原始创新能力。加强科技创新前瞻布局和资源共享,集中突破一批卡脖子核心关键技术,联手营造有利于提升自主创新能力的创新生态,打造全国原始创新策源地。加强上海张江、安徽合肥综合性国家科学中心建设,健全开放共享合作机制。推动硬 X 射线自由电子激光装置、未来网络试验设施、超重力离心模拟与实验装置、高效低碳燃气轮机试验装置、聚变堆主机关键系统综合研究设施等重大科技基础设施集群化发展。优先布局国家重大战略项目、国家科技重大专项,共同实施国际大科学计划和国际大科学工程。加快科技资源共享服务平台优化升级,推动重大科研基础设施、大型科研仪器、科技文献、科学数据等科技资源合理流动与开放共享。

协同推进科技成果转移转化。充分发挥市场和政府作用,打通原始创新向现实生产力转化通道,推动科技成果跨区域转化。加强原始创新成果转化，重点开展新一代信息技术、高端装备制造、生命健康、绿色技术、新能源、智能交通等领域科技创新联合攻关，构建开放、协同、高效的共性技术研发平台，实施科技成果应用示范和科技惠民工程。发挥长三角技术交易市场联盟作用，推动技术交易市场互联互通，共建全球创新成果集散中心。依托现有国家科技成果转移转化示范区，建立健全协同联动机制，共建科技成果转移转化高地。打造长三角技术转移服务平台，实现成果转化项目资金共同投入、技术共同转化、利益共同分享。

共建产业创新大平台。瞄准世界科技前沿和产业制高点，共建多层次产业创新大平台。充分发挥创新资源集聚优势，协同推动原始创新、技术创新和产业创新，合力打造长三角科技创新共同体，形成具有全国影响力的科技创新和制造业研发高地。发挥长三角双创示范基地联盟作用，加强跨区域"双创"合作，联合共建国家级科技成果孵化基地和双创示范基地。加强清华长三角研究院等创新平台建设，共同办好浦江创新论坛、长三角国际创新挑战赛，打造高水平创新品牌。

强化协同创新政策支撑。加大政策支持力度，形成推动协同创新的强大合力。研究制定覆盖长三角全域的全面创新改革试验方案。建立一体化人才保障服务标准,实行人才评价标准互认制度,允许地方高校按照国家有关规定自主开展人才引进和职称评定。加强长三角知识产权联合保护。支持地方探索建立区域创新收益共享机制,鼓励设立产业投资、创业投资、股权投资、科技创新、科技成果转化引导基金。在上海证券交易所设立科创板并试点注册制,鼓励长三角地区高成长创新企业到科创板上市融资。

第二节 加强产业分工协作

共同推动制造业高质量发展。制定实施长三角制造业协同发展规划,全面提升制造业发展水平,按照集群化发展方向,打造全国先进制造业集聚区。围绕电子信息、生物医药、航空航天、高端装备、新材料、节能环保、汽车、绿色化工、纺织服装、智能家电十大领域,强化区域优势产业协作,推动传统产业升级改造,建设一批国家级战略性新兴产业基地,形成若干世界级制造业集群。聚焦集成电路、新型显示、物联网、大数据、人工智能、新能源汽车、生命健康、大飞机、智能制造、前沿新材料十大重点领域,加快发展新能源、智能汽车、新一代移动通信产业,延伸机器人、集成电路产业链,培育一批具有国际竞争力的龙头企业。面向量子信息、类脑芯片、第三代半导体、下一代人工智能、靶向药物、免疫细胞治疗、干细胞治疗、基因检测八大领域,加快培育布局一批未来产业。

合力发展高端服务经济。加快服务业服务内容、业态和商业模式创新,共同培育高端服务品牌,增强服务经济发展新动能。围绕现代金融、现代物流、科技服务、软件和信息服务、电子商务、文化创意、体育服务、人力资源服务、智慧健康养老九大服务业,联合打造一批高水平服务业集聚区和创新平台。在研发设计、供应链服务、检验检测、全球维修、总集成总承包、市场营销、制造数字化服务、工业互联网、绿色节能等领域,大力推动服务业跨界发展。在旅游、养老等领域探索跨区域合作新模式,提高文化教育、医疗保健、养老安老等资源的供给质量和供给效率。积极开展区域品牌提升行动,协同推进服务标准化建设,打造一批展示长三角服务形象的高端服务品牌。

引导产业合理布局。坚持市场机制主导和产业政策引导相结合,完善区域产业政策,强化中心区产业集聚能力,推动产业结构升级,优化重点产业布局和统筹发展。中心区重点布局总部经济、研发设计、高端制造、销售等产业链环节,大力发展创新经济、服务经济、绿色经济,加快推动一般制造业转移,打造具有全球竞争力的产业创新高地。支持苏北、浙西南、皖北和皖西大别山革命老区重点发展现代农业、文化旅游、大健康、医药产业、农产品加工等特色产业及配套产业。充分发挥皖北、苏北粮食主产区综合优势,实施现代农业提升工程,建设长三角绿色农产品生产加工供应基地。建设皖北承接产业转移集聚区,积极承接产业转移。推动中心区重化工业和工程机械、轻工食品、纺织服装等传统产业向具备承接能力的中心区以外城市和部分沿海地区升级转移,建立与产业转移承接地间利益分享机制,加大对产业转移重大项目的土地、融资等政策支持力度。

第三节　推动产业与创新深度融合

加强创新链与产业链跨区域协同。依托创新链提升产业链,围绕产业链优化创新链,促进产业链与创新链精准对接,打造产业链为基础、创新链为引领的产业升级版。聚焦关键共性技术、前沿引领技术、应用型技术,建立政学产研多方参与机制,开展跨学科跨领域协作攻关,形成基础研究、技术开发、成果转化和产业创新全流程创新产业链。支持龙头企业跨区域整合科研院所研究力量,鼓励科研人员深度参与产业创新活动。成立区域产业联盟。综合运用政府采购、首台套政策、技术标准等政策工具,加快科研成果从样品到产品、从产品到商品的转化。

共同培育新技术新业态新模式。推动互联网新技术与产业融合,发展平台经济、共享经济、体验经济,加快形成经济发展新动能。加强大数据、云计算、区块链、物联网、人工智能、卫星导航等新技术研发应用,支持龙头企业联合科研机构建立长三角人工智能等新型研发平台,鼓励有条件的城市开展新一代人工智能应用示范和创新发展,打造全国重要的创新型经济发展高地。率先开展智能汽车测试,实现自动驾驶汽车产业化应用。提升流通创新能力,打造商产融合产业集群和平台经济龙头企业。建设一批跨境电商综合试验区,构建覆盖率和便捷度全球领先的新零售网络。推动数字化、信息化与制造业、服务业融合,发挥电商平台、大数据核心技术和长三角制造网络等优势,打通行业间数据壁垒,率先建立区域性工业互联网平台和区域产业升级服务平台。

第五章 提升基础设施互联互通水平

坚持优化提升、适度超前的原则,统筹推进跨区域基础设施建设,形成互联互通、分工合作、管理协同的基础设施体系,增强一体化发展的支撑保障。

第一节 协同建设一体化综合交通体系

共建轨道上的长三角。加快建设集高速铁路、普速铁路、城际铁路、市域(郊)铁路、城市轨道交通于一体的现代轨道交通运输体系,构建高品质快速轨道交通网。围绕打通沿海、沿江和省际通道,加快沪通铁路一期、商合杭铁路等在建项目建设,推动北沿江高铁、沿江高铁武合宁通道、沪通铁路二期、沪苏湖、通苏嘉甬、杭临绩、沪乍杭、合新、镇宣、宁宣黄、宁扬宁马等规划项目开工建设,推进沿淮、黄山—金华、温武吉铁路、安康(襄阳)—合肥、沪甬、甬台温福、宁杭二通道的规划对接和前期工作,积极审慎开展沪杭等磁悬浮项目规划研究。以都市圈同城化通勤为目标,加快推进城际铁路网建设,推动市域铁路向周边中小城市延伸,率先在都市圈实现公交化客运服务。支持高铁快递、电商快递班列发展。

提升省际公路通达能力。加快省际高速公路建设,对高峰时段拥堵严重的国省道干线公路实施改扩建,形成便捷通达的公路网络。加快推进宁马、合宁、京沪等高速公路改扩建,提升主要城市之间的通行效率。完善过江跨海通道布局,规划建设常泰、龙潭、苏通第二、崇海等过江通道和东海二桥、沪舟甬等跨海通道。滚动实施打通省际待贯通路段专项行动,取消高速公路省界收费站,提升省际公路通达水平。

合力打造世界级机场群。编制实施长三角民航协同发展战略规划,构建分工明确、功能齐全、联通顺畅的机场体系,提高区域航空国际竞争力。巩固提升上海国际航空枢纽地位,增强面向长三角、全国乃至全球的辐射能力。规划建设南通新机场,成为上海国际航空枢纽的重要组成部分。优化提升杭州、南京、合肥区域航空枢纽功能,增强宁波、温州等区域航空服务能力,支持苏南硕放机场建设区域性枢纽机场。完善区域机场协作机制,提升区域航空服务品质。加强航空货运设施建设,加快合肥国际航空货运集散中心、淮安航空货运枢纽建设,规划建设嘉兴航空联运中心。统筹空域资源利用,促进民航、通用航空融合发展。深化低空空域管理改革,加快通用航空发展。

协同推进港口航道建设。推动港航资源整合,优化港口布局,健全一体化发展机制,增强服务全国的能力,形成合理分工、相互协作的世界级港口群。围绕提升国际竞争力,加强沪浙杭州湾港口分工合作,以资本为纽带深化沪浙洋山开发合作,做大做强上海国际航运中心集装箱枢纽港,加快推进宁波舟山港现代化综合性港口建设。在共同抓好长江大保护的前提下,深化沪苏长江口港航合作,苏州(太仓)港建设上海港远洋集装箱运输的喂给港,发展近洋航线集装箱运输。加强沿海沿江港口江海联运合作与联动发展,鼓励各港口集团采用交叉持股等方式强化合作,推动长三角港口协同发展。加快建设长江南京以下江海联运港区、舟山江海联运服务中心、芜湖马鞍山江海联运枢纽、连云港亚欧陆海联运通道、淮河出海通道,规划建设南通通州湾长江集装箱运输新出海口、小洋山北侧集装箱支线码头。完善区域港口集疏运体系,推进重点港区进港铁路规划和建设。加强内河高等级航道网建设,推动长江淮河干流、京杭大运河和浙北高等级航道网集装箱运输通道建设,提高集装箱水水中转比重。

第二节　共同打造数字长三角

协同建设新一代信息基础设施。加快构建新一代信息基础设施，推动信息基础设施达到世界先进水平，建设高速泛在信息网络，共同打造数字长三角。加快推进5G网络建设，支持电信运营、制造、IT等行业龙头企业协同开展技术、设备、产品研发、服务创新及综合应用示范。深入推进IPv6规模部署，加快网络和应用升级改造，打造下一代互联网产业生态。统筹规划长三角数据中心，推进区域信息枢纽港建设，实现数据中心和存算资源协同布局。加快量子通信产业发展，统筹布局和规划建设量子保密通信干线网，实现与国家广域量子保密通信骨干网络无缝对接，开展量子通信应用试点。加强长三角现代化测绘基准体系建设，实现卫星导航定位基准服务系统互联互通。

共同推动重点领域智慧应用。大力发展基于物联网、大数据、人工智能的专业化服务，提升各领域融合发展、信息化协同和精细化管理水平。围绕城市公共管理、公共服务、公共安全等领域，支持有条件的城市建设基于人工智能和5G物联的城市大脑集群。加快长三角政务数据资源共享共用，提高政府公共服务水平。支持北斗导航系统率先应用,建设南京位置服务数据中心。推进一体化智能化交通管理,深化重要客货运输领域协同监管、信息交换共享、大数据分析等管理合作。积极开展车联网和车路协同技术创新试点,筹划建设长三角智慧交通示范项目,率先推进杭绍甬智慧高速公路建设。全面推行长三角地区联网售票一网通、交通一卡通,提升区域内居民畅行长三角的感受度和体验度。加强长三角数字流域和智能水网建设。推动智慧广电建设,加快广播电视技术革新与体系重构。加强智慧邮政建设,支持快递服务数字化转型。

合力建设长三角工业互联网。积极推进以"互联网+先进制造业"为特色的工业互联网发展,打造国际领先、国内一流的跨行业跨领域跨区域工业互联网平台。统筹推进省际之间工业互联网建设,推动企业内外网改造升级,积极参与国家标识解析与标准体系构建。加快建设以跨行业跨领域跨区域平台为主体、企业级平台为支撑的工业互联网平台体系,推动企业上云和工业 APP 应用,促进制造业资源与互联网平台深度对接。全面建立工业互联网安全保障体系,着力推动安全技术手段研发应用,遴选推广一批创新实用的网络安全试点示范项目。

第三节　协同推进跨区域
能源基础设施建设

统筹建设油气基础设施。完善区域油气设施布局,推进油气管网互联互通。编制实施长三角天然气供应能力规划,加快建设浙沪联络线,推进浙苏、苏皖天然气管道联通。加强液化天然气(LNG)接收站互联互通和公平开放,加快上海、江苏如东、浙江温州LNG接收站扩建,宁波舟山LNG接收站和江苏沿海输气管道、滨海LNG接收站及外输管道。实施淮南煤制天然气示范工程。积极推进浙江舟山国际石油储运基地、芜湖LNG内河接收(转运)站建设,支持LNG运输船舶在长江上海、江苏、安徽段开展航运试点。

加快区域电网建设。完善电网主干网架结构,提升互联互通水平,提高区域电力交换和供应保障能力。推进电网建设改造与智能化应用,优化皖电东送、三峡水电沿江输电通道建设,开展区域大容量柔性输电、区域智慧能源网等关键技术攻关,支持安徽打造长三角特高压电力枢纽。依托两淮煤炭基地建设清洁高效坑口电站,保障长三角供电安全可靠。加强跨区域重点电力项目建设,加快建设淮南—南京—上海1000千伏特高压交流输电工程过江通道,实施南通—上海崇明500千伏联网工程、申能淮北平山电厂二期、省际联络线增容工程。

协同推动新能源设施建设。因地制宜积极开发陆上风电与光伏发电,有序推进海上风电建设,鼓励新能源龙头企业跨省投资建设风能、太阳能、生物质能等新能源。加快推进浙江宁海、长龙山、衢江和安徽绩溪、金寨抽水蓄能电站建设,开展浙江磐安和安徽桐城、宁国等抽水蓄能电站前期工作,研究建立华东电网抽水蓄能市场化运行的成本分摊机制。加强新能源微电网、能源物联网、"互联网+智慧"能源等综合能源示范项目建设,推动绿色化能源变革。

第四节 加强省际重大水利工程建设

以长江为纽带,淮河、大运河、钱塘江、黄浦江等河流为骨干河道,太湖、巢湖、洪泽湖、千岛湖、高邮湖、淀山湖等湖泊为关键节点,完善区域水利发展布局。长江沿线,重点加强崩塌河段整治和长江口综合整治,实施海塘达标提标工程,探索建立长三角区域内原水联动及水资源应急供给机制,提升防洪(潮)和供水安全保障能力。淮河流域,启动实施淮河入海水道二期等淮河治理重大工程,保障淮河防洪排涝安全。太湖流域,实施望虞河拓浚、吴淞江整治、太浦河疏浚、淀山湖综合整治和环太湖大堤加固等治理工程,开展太湖生态清淤试点,形成太湖调蓄、北向长江引排、东出黄浦江供排、南排杭州湾的流域综合治理格局。以巢湖、洪泽湖、高邮湖、淀山湖、华阳湖等湖泊为重点,完善湖泊综合管控体系,加强湖泊上游源头水源涵养保护和水土保持,强化水资源保护与水生态修复。加快实施引江济淮工程,完善引江济太运行机制。

第六章　强化生态环境共保联治

坚持生态保护优先,把保护和修复生态环境摆在重要位置,加强生态空间共保,推动环境协同治理,夯实绿色发展生态本底,努力建设绿色美丽长三角。

第一节　共同加强生态保护

合力保护重要生态空间。切实加强生态环境分区管治,强化生态红线区域保护和修复,确保生态空间面积不减少,保护好长三角可持续发展生命线。统筹山水林田湖草系统治理和空间协同保护,加快长江生态廊道、淮河—洪泽湖生态廊道建设,加强环巢湖地区、崇明岛生态建设。以皖西大别山区和皖南—浙西—浙南山区为重点,共筑长三角绿色生态屏障。加强自然保护区、风景名胜区、重要水源地、森林公园、重要湿地等其他生态空间保护力度,提升浙江开化钱江源国家公园建设水平,建立以国家公园为主体的自然保护地体系。

共同保护重要生态系统。强化省际统筹,加强森林、河湖、湿地等重要生态系统保护,提升生态系统功能。加强天然林保护,建设沿海、长江、淮河、京杭大运河、太湖等江河湖岸防护林体系,实施黄河故道造林绿化工程,建设高标准农田林网,开展丘陵岗地森林植被恢复。实施湿地修复治理工程,恢复湿地景观,完善湿地生态功能。推动流域生态系统治理,强化长江、淮河、太湖、新安江、巢湖等森林资源保护,实施重要水源地保护工程、水土保持生态清洁型小流域治理工程、长江流域露天矿山和尾矿库复绿工程、淮河行蓄洪区安全建设工程、两淮矿区塌陷区治理工程。

第二节 推进环境协同防治

推动跨界水体环境治理。扎实推进水污染防治、水生态修复、水资源保护,促进跨界水体水质明显改善。继续实施太湖流域水环境综合治理。共同制定长江、新安江—千岛湖、京杭大运河、太湖、巢湖、太浦河、淀山湖等重点跨界水体联保专项治理方案,开展废水循环利用和污染物集中处理,建立长江、淮河等干流跨省联防联控机制,全面加强水污染治理协作。加强港口船舶污染物接收、转运及处置设施的统筹规划建设。持续加强长江口、杭州湾等蓝色海湾整治和重点饮用水源地、重点流域水资源、农业灌溉用水保护,严格控制陆域入海污染。严格保护和合理利用地下水,加强地下水降落漏斗治理。

联合开展大气污染综合防治。强化能源消费总量和强度"双控",进一步优化能源结构,依法淘汰落后产能,推动大气主要污染物排放总量持续下降,切实改善区域空气质量。合力控制煤炭消费总量,实施煤炭减量替代,推进煤炭清洁高效利用,提高区域清洁能源在终端能源消费中的比例。联合制定控制高耗能、高排放行业标准,基本完成钢铁、水泥行业和燃煤锅炉超低排放改造,打造绿色化、循环化产业体系。共同实施细颗粒物($PM_{2.5}$)和臭氧浓度"双控双减",建立固定源、移动源、面源精细化排放清单管理制度,联合制定区域重点污染物控制目标。加强涉气"散乱污"和"低小散"企业整治,加快淘汰老旧车辆,实施国Ⅵ排放标准和相应油品标准。

加强固废危废污染联防联治。统一固废危废防治标准,建立联防联治机制,提高无害化处置和综合利用水平。推动固体废物区域转移合作,完善危险废物产生申报、安全储存、转移处置的一体化标准和管理制度,严格防范工业企业搬迁关停中的二次污染和次生环境风险。统筹规划建设固体废物资源回收基地和危险废物资源处置中心,探索建立跨区域固废危废处置补偿机制。全面运行危险废物转移电子联单,建立健全固体废物信息化监管体系。严厉打击危险废物非法跨界转移、倾倒等违法犯罪活动。

第三节　推动生态环境协同监管

完善跨流域跨区域生态补偿机制。建立健全开发地区、受益地区与保护地区横向生态补偿机制,探索建立污染赔偿机制。在总结新安江建立生态补偿机制试点经验的基础上,研究建立跨流域生态补偿、污染赔偿标准和水质考核体系,在太湖流域建立生态补偿机制,在长江流域开展污染赔偿机制试点。积极开展重要湿地生态补偿,探索建立湿地生态效益补偿制度。在浙江丽水开展生态产品价值实现机制试点。建设新安江—千岛湖生态补偿试验区。

健全区域环境治理联动机制。强化源头防控,加大区域环境治理联动,提升区域污染防治的科学化、精细化、一体化水平。统一区域重污染天气应急启动标准,开展区域应急联动。加强排放标准、产品标准、环保规范和执法规范对接,联合发布统一的区域环境治理政策法规及标准规范,积极开展联动执法,创新跨区域联合监管模式。强化环境突发事件应急管理,建立重点区域环境风险应急统一管理平台,提高突发事件处理能力。探索建立跨行政区生态环境基础设施建设和运营管理的协调机制。充分发挥相关流域管理机构作用,强化水资源统一调度、涉水事务监管和省际间水事协调。发挥区域空气质量监测超级站作用,建设重点流域水环境综合治理信息平台,推进生态环境数据共享和联合监测,防范生态环境风险。

第七章　加快公共服务便利共享

坚持以人民为中心,加强政策协同,提升公共服务水平,促进社会公平正义,不断满足人民群众日益增长的美好生活需要,使一体化发展成果更多更公平惠及全体人民。

第一节 推进公共服务标准化便利化

建立基本公共服务标准体系。全面实施基本公共服务标准化管理,以标准化促进基本公共服务均等化、普惠化、便捷化。统筹考虑经济社会发展水平、城乡居民收入增长等因素,逐步提升基本公共服务保障水平,增加保障项目,提高保障标准。开展基本公共服务保障区域协作联动,确保覆盖全体居民。

提升公共服务便利化水平。创新跨区域服务机制,推动基本公共服务便利共享。建立异地就医直接结算信息沟通和应急联动机制,完善住院费用异地直接结算,开展异地就医门急诊医疗费用直接结算试点工作。加强基本公共卫生服务合作,推动重大传染病联防联控。推进社会保险异地办理,开展养老服务补贴异地结算试点,促进异地养老。实施民生档案跨区查档服务项目,建立互认互通的档案专题数据标准体系。探索构建长三角区域基本公共服务平台,促进居民异地享受基本公共服务并便捷结算,推动实现资源均衡分布、合理配置。

第二节　共享高品质教育医疗资源

推动教育合作发展。协同扩大优质教育供给,促进教育均衡发展,率先实现区域教育现代化。研究发布统一的教育现代化指标体系,协同开展监测评估,引导各级各类学校高质量发展。依托城市优质学前教育、中小学资源,鼓励学校跨区域牵手帮扶,深化校长和教师交流合作机制。推动大学大院大所全面合作、协同创新,联手打造具有国际影响的一流大学和一流学科。鼓励沪苏浙一流大学、科研院所到安徽设立分支机构。推动高校联合发展,加强与国际知名高校合作办学,打造浙江大学国际联合学院、昆山杜克大学等一批国际合作教育样板区。共同发展职业教育,搭建职业教育一体化协同发展平台,做大做强上海电子信息、江苏软件、浙江智能制造、安徽国际商务等联合职业教育集团,培养高技能人才。

打造健康长三角。优化配置医疗卫生资源,大力发展健康产业,持续提升人民健康水平。推动大中城市高端优质医疗卫生资源统筹布局,采取合作办院、设立分院、组建医联体等形式,扩大优质医疗资源覆盖范围。共建以居民健康档案为重点的全民健康信息平台和以数字化医院为依托的医疗协作系统,实现双向转诊、转检、会诊、联网挂号等远程医疗服务。逐步建立统一的急救医疗网络体系,实现急救信息共享和急救网络连通。依托优质医疗资源、现代医药产业、养老产业,制定区域产业资本和品牌机构进入当地养老市场指引,培育养老从业人员专业化市场,支持民营养老机构发展。建设一批国际知名的健康医疗服务、养生养老基地。推动跨区域体育资源共享、信息互通、项目合作和人才交流培养,建立长三角体育产业联盟,推动群众体育、竞技体育和体育产业协调发展。

第三节 推动文化旅游合作发展

共筑文化发展高地。加强文化政策互惠互享,推动文化资源优化配置,全面提升区域文化创造力、竞争力和影响力。加强革命文物保护利用,弘扬红船精神,继承发展优秀传统文化,共同打造江南文化等区域特色文化品牌。构建现代文化产业体系,推出一批文化精品工程,培育一批文化龙头企业。继续办好长三角国际文化产业博览会,集中展示推介长三角文化整体形象。加强广播电视产业跨区域合作发展。推动美术馆、博物馆、图书馆和群众文化场馆区域联动共享,实现城市阅读一卡通、公共文化服务一网通、公共文化联展一站通、公共文化培训一体化。加强重点文物、古建筑、非物质文化遗产保护合作交流,联合开展考古研究和文化遗产保护。

共建世界知名旅游目的地。深化旅游合作,统筹利用旅游资源,推动旅游市场和服务一体化发展。依托长江、沿海、域内知名河流、名湖、名山、名城等特色资源,共同打造一批具有高品质的休闲度假旅游区和世界闻名的东方度假胜地。联合开展旅游主题推广活动,推出杭黄国际黄金旅游线等精品线路和特色产品。依托高铁网络和站点,推出"高铁+景区门票"、"高铁+酒店"等快捷旅游线路和产品。整合区域内红色旅游资源,开发互联互通的红色旅游线路。建设旅游信息库,建立假日旅游、旅游景区大客流预警等信息联合发布机制。探索推出"畅游长三角"、"惠民一卡通"、"旅游护照"等产品,改善游客旅游体验。

第四节　共建公平包容的社会环境

推进社会治理共建共治共享。加强和创新社会治理,提高社会化、法治化、智能化、专业化水平,共同建设平安长三角。制定出台区域社会治理地方性法规和政府规章,建立覆盖全体居民的公共法律服务体系。加强城市管理和社会治安防控体系建设,建立城市公共安全风险防控标准体系和规划体系。健全区域性重大灾害事故联防联控机制,完善总体应急预案及相关专项预案。加强跨地区跨部门的业务协同、信息共享、应急演练,推进重点城市和都市圈防灾减灾救灾一体化、同城化。建立健全基层社会治理网络,全域推广网格化服务管理。建立健全安全生产责任体系和联动长效机制,有效防范和坚决遏制重特大安全生产事故发生。深化文明城市、文明乡镇、文明村庄创建,倡导文明礼仪新风,共同提升区域文明程度。

合力营造良好就业创业环境。健全就业创业服务体系,促进人力资源高效配置,提高就业创业水平。制定相对统一的人才流动、吸引、创业等政策,构建公平竞争的人才发展环境。实施有针对性的项目和计划,帮助高校毕业生、农民工、退役军人等重点群体就业创业。联合开展大规模职业技能培训,提高劳动者就业创业能力。加强劳动保障监察协作,强化劳动人事争议协同处理,建立拖欠农民工工资"黑名单"共享和联动惩戒机制。成立区域公共创业服务联盟,开展长三角创新创业大赛,打造公共创业服务品牌。推动市级层面开展"双结对"合作,共促创业型城市(区)建设。

打造诚信长三角。推动诚信记录共享共用,健全诚信制度,建立重点领域跨区域联合奖惩机制,不断提升各类主体的诚信感受度。加强信用建设区域合作,优化区域整体信用环境。聚焦公共服务、食品药品安全、城市管理、全域旅游、生态环保、安全生产等领域,实行失信行为标准互认、信息共享互动、惩戒措施路径互通的跨区域信用联合惩戒制度。建设长三角公共信用信息共享平台,与全国信用信息共享平台实现信息交换共享。推动信用服务领域供给侧改革,培育一批专业化、特色化信用骨干服务机构,打造一批区域性信用服务产业基地。

第八章 推进更高水平协同开放

以"一带一路"建设为统领,在更高层次、更宽领域,以更大力度协同推进对外开放,深化开放合作,优化营商环境,构建开放型经济新体制,不断增强国际竞争合作新优势。

第一节 共建高水平开放平台

协力办好中国国际进口博览会。高水平举办中国国际进口博览会,打造规模更大、质量更优、创新更强、层次更高、成效更好的世界一流博览会。加强综合服务、专业贸易等线下展示交易平台建设,联合打造海外投资和专业服务平台。强化进口博览会参展商对接服务,推进招商引资项目协同,共同策划和开展贸易投资配套活动。加强进口商品通关便利化协同,强化安保、环境、交通等各项保障。加强长三角地区各类品牌展会和相关贸易投资活动协调联动,提升整体效果和影响力。

打造虹桥国际开放枢纽。推动虹桥地区高端商务、会展、交通功能深度融合,建设中央商务区和国际贸易中心新平台,进一步增强服务长三角、联通国际的枢纽功能。全面提升虹桥综合交通枢纽管理水平,完善联通浦东机场和苏浙皖的轨道交通体系,优化拓展虹桥机场国际航运服务功能。加快建设虹桥进口商品展示交易中心、虹桥海外贸易中心、长三角区域城市展示中心、长三角电子商务中心等功能性平台,聚焦发展总部经济、创新经济、商务会展等现代服务业。加快提升教育、医疗、文化等优质公共服务能力,提高对国际人才和企业的综合服务水平。

共同构建数字化贸易平台。积极对接全球电子商务新模式新规则新标准,联合加强数字化贸易平台建设,加强跨境电商国际合作,推动国际贸易制度创新、管理创新、服务创新。加快上海、南京、杭州、合肥、宁波、苏州、无锡、义乌跨境电子商务综合试验区建设,合力打造全球数字贸易高地。加快义乌国际贸易综合改革试验区建设。推动外贸业务流程改造和各环节数据共享,促进贸易监管数字化转型、便利化发展。

加强国际合作园区建设。"引进来"和"走出去"并重,加快推进国际产业双向合作,实现互利共赢、共同发展。依托上海国际大都市和南京、杭州、合肥等中心城市,高水平打造国际组织和总部经济聚集区。依托经济技术开发区、高新技术产业开发区等各类开发区,加快建设中韩(盐城)产业园、中意宁波生态园、中德(合肥)合作智慧产业园及太仓、芜湖、嘉兴等中德中小企业合作区。加快推进中国(宁波)"16+1"经贸合作示范区建设,深化与中东欧国家的投资贸易合作。依托重大国际产能合作项目和对外投资聚集区,稳步推进建设中阿(联酋)产能合作示范园、泰国泰中罗勇工业园、莫桑比克贝拉经贸合作区等一批境外园区，支持国内企业组团出海。支持企业按市场化法治化原则在拉美、非洲、中东欧等地区科学合理地建设境外园区，打造一批高水平国际研究机构和海外产业创新服务综合体。

第二节　协同推进开放合作

推动重点领域开放合作。进一步扩大制造业、服务业、农业领域对外开放，逐步放宽市场准入，不断提升协同开放合作水平。降低汽车、飞机、船舶、装备、电子信息、新材料、新能源等行业进入门槛，积极招引全球 500 强和行业龙头企业，共同开拓建立全球创新链、产业链、供应链。加快金融市场对外开放，逐步放宽银行业外资市场准入。加大交易所债券市场对外开放，支持境外机构在交易所发行人民币债券，引入境外机构投资者直接投资交易所债券，研究推进基于沪港通的债券市场互联互通。积极引进境外专业服务行业，有序推进服务贸易创新发展试点，完善跨境交付、境外消费、自然人模式下服务贸易准入制度，提升服务贸易自由化便利化水平。加快服务外包产业转型升级，建设具有国际竞争优势的服务外包产业高地。适度增加国内紧缺农产品进口，积极引进国际现代农业先进生产技术和经营管理方式，不断提升农业国际竞争力。

共同提升对外投资合作水平。稳步扩大对外投资，进一步优化结构、拓展布局、创新方式、提升水平，共同推动对外投资可持续高质量发展。加强优势产能、油气矿产开发等领域国际合作，扩大商务服务、先进制造、批发零售、金融服务、境外并购等对外投资，提升工程承包合作水平，加快技术、装备、服务和标准走出去。加强国际对接合作，在对外投资相对密集国家和地区，布局建设一批集物流集散、加工制造、展示展销、信息资讯等多功能于一体的境外系列服务站。依托长三角一体化对外投资合作发展联盟，携手打造面向全球的综合服务平台，鼓励企业联合走出去。共同推进境外安全保障体系建设，增强风险防范能力。

深化国际人文合作。加强多层次多领域国际人文交流，着力打造国际人文交流汇聚地。办好世界互联网大会、世界智能制造大会、世界制造业大会、联合国世界地理信息大会、第十九届亚运会等重大国际会议展会，开展系列重大国际文化、旅游、体育赛事等活动。联合开展具有长三角品牌特色的海外经济文化交流活动，推动优秀文化、文学作品、影视产品走出去。深化科技、教育、医疗等国际合作,提升国际友城合作水平,加强高端智库国际交流。发挥华侨华商资本、人脉等资源优势,扩大民间交往、深化民心沟通。

第三节　合力打造国际一流营商环境

加快大通关一体化。深化口岸合作,加强协调对接,提升通关一体化水平。加快建设具有国际先进水平的国际贸易"单一窗口",推动港航物流信息接入,实现物流和监管等信息的全流程采集。建立进出口商品全流程质量安全溯源管理平台,开发信息化电子标签,整合生产、监测、航运、通关数据共享和业务协同,实现全链条监管。统筹区域内中欧班列资源,提高班列双向常态化运行质量效益。

共同打造国际一流市场环境。全面对接国际高标准市场规则体系,打造稳定、公平、透明、可预期的市场环境。提升外商投资管理和服务水平,全面实施外商投资准入前国民待遇加负面清单管理制度,放宽外资准入限制,健全事中事后监管体系。共同加强国际知识产权保护,加大侵权违法行为联合惩治力度,协同开展执法监管。建立健全外商投资企业投诉工作机制,保障外国投资者和外商投资企业合法权益。

完善国际人才引进政策。加大国际人才招引政策支持力度,大力引进海外人才,提升国际高端要素集聚能力。推动国际人才认定、服务监管部门信息互换互认,确保政策执行一致性。总结推广张江国家自主创新示范区国际人才试验区经验,稳步开展外国人永久居留、外国人来华工作许可、出入境便利服务、留学生就业等政策试点。推进国际社区建设,完善国际学校、国际医院等配套公共服务,提高国际人才综合服务水平。

第九章 创新一体化发展体制机制

坚持全面深化改革,坚决破除制约一体化发展的行政壁垒和体制机制障碍,建立统一规范的制度体系,形成要素自由流动的统一开放市场,为更高质量一体化发展提供强劲内生动力。

第一节 建立规则统一的制度体系

健全政策制定协同机制。建立重点领域制度规则和重大政策沟通协调机制,提高政策制定统一性、规则一致性和执行协同性。全面实施全国市场准入负面清单,实行统一的市场准入制度。加强政策协同,在企业登记、土地管理、环境保护、投融资、财税分享、人力资源管理、公共服务等政策领域建立政府间协商机制,根据达成一致的意见形成协同方案,由各级政府依据协同方案制定相关政策措施。建立统一规则,规范招商引资和人才招引政策。提高政策执行的协同性,强化环境联防联控、食品安全监管、知识产权保护等领域的执法联动。

建立标准统一管理制度。加强长三角标准领域合作,加快推进标准互认,按照建设全国统一大市场要求探索建立区域一体化标准体系。协同建立长三角区域标准化联合组织,负责区域统一标准的立项、发布、实施、评价和监督。在农产品冷链物流、环境联防联治、生态补偿、基本公共服务、信用体系等领域,先行开展区域统一标准试点。推进地区间标准互认和采信,推动检验检测结果互认,实现区域内重点标准目录、具体标准制定、标准实施监管三协同,建立层次分明、结构合理的区域协同标准体系。

第二节 促进要素市场一体化

共建统一开放人力资源市场。加强人力资源协作,推动人力资源、就业岗位信息共享和服务政策有机衔接、整合发布,联合开展就业洽谈会和专场招聘会,促进人力资源特别是高层次人才在区域间有效流动和优化配置。加强面向高层次人才的协同管理,探索建立户口不迁、关系不转、身份不变、双向选择、能出能进的人才柔性流动机制。联合开展人力资源职业技术培训,推动人才资源互认共享。

加强各类资本市场分工协作。加快金融领域协同改革和创新,促进资本跨区域有序自由流动。完善区域性股权市场。依法合规扩大发行企业债券、绿色债券、自贸区债券、创新创业债券。推动建立统一的抵押质押制度,推进区域异地存储、信用担保等业务同城化。联合共建金融风险监测防控体系,共同防范化解区域金融风险。鼓励地方政府联合设立长三角一体化发展投资专项资金,主要用于重大基础设施建设、生态经济发展、盘活存量低效用地等投入。支持符合监管政策的地方法人银行在上海设立营运中心。支持上交所在长三角设立服务基地,搭建企业上市服务平台。

建立城乡统一的土地市场。推动土地要素市场化配置综合改革,提高资源要素配置效能和节约集约利用水平。深化城镇国有土地有偿使用制度改革,扩大土地有偿使用范围,完善城乡建设用地增减挂钩政策,建立健全城镇低效用地再开发激励约束机制和存量建设用地退出机制。建立城乡统一的建设用地市场,探索宅基地所有权、资格权、使用权"三权分置"改革,依法有序推进集体经营性建设用地入市,开展土地整治机制政策创新试点。用好跨省补充耕地国家统筹机制,支持重点项目建设。按照国家统筹、地方分担的原则,优先保障跨区域重大基础设施项目、生态环境工程项目所涉及新增建设用地和占补平衡指标。

完善跨区域产权交易市场。推进现有各类产权交易市场联网交易,推动公共资源交易平台互联共享,建立统一信息发布和披露制度,建设长三角产权交易共同市场。培育完善各类产权交易平台,探索建立水权、排污权、知识产权、用能权、碳排放权等初始分配与跨省交易制度,逐步拓展权属交易领域与区域范围。建立统一的技术市场,实行高技术企业与成果资质互认制度。加强产权交易信息数据共享,建立安全风险防范机制。

第三节　完善多层次多领域合作机制

建立健全重点领域合作机制。加强地方立法、政务服务等领域的合作,形成有效的合作体制机制,全面提升合作水平。建立地方立法和执法工作协同常态化机制,推动重点区域、重点领域跨区域立法研究,共同制定行为准则,为长三角一体化发展提供法规支撑和保障。共同推进数字政府建设,强化公共数据交换共享,构建跨区域政务服务网,加快实现民生保障和企业登记等事项"一地受理、一次办理"。建立健全长三角一体化发展的指标体系、评价体系、统计体系和绩效考核体系。

建立各类市场主体协同联动机制。充分发挥市场机制的作用,进一步释放市场主体活力和创造力。深化国资国企改革,积极稳妥推进国有企业混合所有制改革,加强国资运营平台跨区域合作。优化民营经济发展环境,鼓励民营经济跨区域并购重组和参与重大基础设施建设,促进民营经济高质量发展。支持浙江温州、台州开展跨区域发展政策协同试验,为民营经济参与长三角一体化发展探索路径。鼓励行业组织、商会、产学研联盟等开展多领域跨区域合作,形成协同推进一体化发展合力。

建立区域间成本共担利益共享机制。充分发挥区域协调机制的作用,提升一体化发展水平。探索建立跨区域产业转移、重大基础设施建设、园区合作的成本分担和利益共享机制,完善重大经济指标协调划分的政府内部考核制度,调动政府和市场主体积极性。探索建立区域互利共赢的税收利益分享机制和征管协调机制,促进公平竞争。探索建立区域投资、税收等利益争端处理机制,形成有利于生产要素自由流动和高效配置的良好环境。

第十章　高水平建设长三角生态绿色一体化发展示范区

加快长三角生态绿色一体化发展示范区建设,在严格保护生态环境的前提下,率先探索将生态优势转化为经济社会发展优势、从项目协同走向区域一体化制度创新,打破行政边界,不改变现行的行政隶属关系,实现共商共建共管共享共赢,为长三角生态绿色一体化发展探索路径和提供示范。

第一节　打造生态友好型一体化发展样板

探索生态友好型高质量发展模式。坚持绿色发展、集约节约发展。沪苏浙共同制定实施示范区饮用水水源保护法规,加强对淀山湖、太浦河等区域的保护。建立严格的生态保护红线管控制度,对生态保护红线以外区域制定严格的产业准入标准,从源头上管控污染源。共同建立区域生态环境和污染源监控的平台,统一监管执法。提升淀山湖、元荡、汾湖沿线生态品质,共建以水为脉、林田共生、城绿相依的自然生态格局。切实加强跨区域河湖水源地保护,打造生态品牌,实现高质量发展。

推动改革创新示范。积极探索深入落实新发展理念、一体化制度率先突破、深化改革举措系统集成的路径,充分发挥其在长三角一体化发展中的示范引领作用。坚持把一体化发展融入到创新、协调、绿色、开放、共享发展中,实现共商共建共治共享共赢;打破行政壁垒,聚焦一体化制度创新,建立有效管用的一体化发展新机制;系统集成改革举措,增强改革的系统性、整体性、协同性,放大改革效应,为长三角地区全面深化改革、实现高质量一体化发展提供示范。

第二节 创新重点领域一体化发展制度

统一规划管理。创新规划编制审批模式,探索建立统一编制、联合报批、共同实施的规划管理体制。统一编制长三角生态绿色一体化发展示范区总体方案,按程序报批实施。地方依据总体方案共同编制国土空间规划和控制性详规,联合按程序报批。各类专项规划由沪苏浙共同编制、共同批准、联合印发。逐级落实划定生态保护红线、永久基本农田保护线、城镇开发边界和文化保护控制线,建立覆盖全域的"四线"管控体系。加快建立统一的规划实施信息平台,推进各类规划实施的有效衔接和信息共享。

统筹土地管理。加强土地统一管理,探索建立跨区域统筹用地指标、盘活空间资源的土地管理机制。建立统一的建设用地指标管理机制。建立建设用地收储和出让统一管理机制,统筹平衡年度土地收储和出让计划。依法推进农村集体经营性建设用地使用权出让、租赁、入股,实行与国有土地同等入市、同权同价,盘活区内土地存量。

建立要素自由流动制度。统一企业登记标准,实行企业登记无差别办理。为区内企业提供全生命周期服务,允许区内企业自由选择注册地名称,建立区内企业自由迁移服务机制。加强区内企业诚信管理,建立公共信用联合奖惩机制。打破户籍、身份、人事关系等限制,实行专业技术任职资格、继续教育证书、外国人工作证等互认互准制度。建立技术创新成果市场交易平台,制定统一的成果转移转化支持政策,实现区内技术创新成果转化的市场化配置。

创新财税分享机制。理顺利益分配关系,探索建立跨区域投入共担、利益共享的财税分享管理制度。推进税收征管一体化,实现地方办税服务平台数据交互,探索异地办税、区域通办。研究对新设企业形成的税收增量属地方收入部分实行跨地区分享,分享比例按确定期限根据因素变化进行调整。建立沪苏浙财政协同投入机制,按比例注入开发建设资本金,统筹用于区内建设。

协同公共服务政策。加强与国家基本公共服务标准和制度衔接,研究编制区内基本公共服务项目清单,建立部分基本公共服务项目财政支出跨区域结转机制。建立区内公共服务便捷共享制度,推进实施统一的基本医疗保险政策,逐步实现药品目录、诊疗项目和医疗服务设施目录的统一。探索组建跨区域医疗联合体,建立区内居民在医疗联合体范围内就医的绿色通道。完善医保异地结算机制,逐步实现异地住院、急诊、门诊直接结算。统筹学区资源,逐步实现教育均等化。鼓励老人异地养老,实现市民卡及老人卡互认互用。鼓励知名品牌养老服务机构在区内布局设点或托管经营,建立跨区域养老服务补贴制度。建立居民服务一卡通,在交通出行、旅游观光、文化体验等方面率先实现"同城待遇"。按可达性统筹 120 服务、110 服务范围,统一使用 021 电信区号。

第三节 加强改革举措集成创新

系统集成重大改革举措。党的十八大以来党中央明确的全面深化改革举措,允许在区内系统集成,集中落实,建设改革新高地。率先推动实施高质量发展的指标体系、政策体系、标准体系、统计体系、绩效评价及政绩考核体系。复制推广沪苏浙改革创新试点经验,加快上海和浙江自由贸易试验区、上海全球科创中心建设、浙江国家信息经济示范区、嘉善县域科学发展示范点、江苏国家新型城镇化综合改革试点、苏州工业园区构建开放型经济新体制综合试点试验等制度创新成果的集成落实。

全面强化制度政策保障。成立高层级决策协调机制、高效率的开发建设管理机构、市场化运作的开发建设平台公司,负责示范区改革创新和开放建设的统筹协调。在政府债务风险可控前提下,加大对地方政府债券发行的支持力度,中央分配新增地方政府债券额度向示范区倾斜。支持开展土地综合整治,在基本农田总量不减、质量不降、结构优化的前提下完善空间布局。制定实施特殊的人才政策,按照党中央、国务院统一部署探索统筹使用各类编制资源的有效途径,赋予更大用人自主权。

第四节 引领长三角一体化发展

加快复制推广示范区一体化发展制度经验,按照中心区、全域、全国推广层次,定期形成推广清单并按程序报批。充分发挥示范区引领带动作用,提升上海虹桥商务区服务功能,引领江苏苏州、浙江嘉兴一体化发展,构建更大范围区域一体的创新链和产业链。充分发挥示范区人才高地的溢出效应,实现各类高端人才与周边区域的流动共享。依托示范区高品质的生态和人居环境,为周边区域集聚企业、加快经济发展提供有力支撑。

第十一章　高标准建设上海
自由贸易试验区新片区

加快中国(上海)自由贸易试验区新片区建设,以投资自由、贸易自由、资金自由、运输自由、人员从业自由等为重点，推进投资贸易自由化便利化，打造与国际通行规则相衔接、更具国际市场影响力和竞争力的特殊经济功能区。

第一节　打造更高水平自由贸易试验区

强化开放型经济集聚功能。在上海大治河以南、金汇港以东以及小洋山岛、浦东机场南侧区域设置新片区，先行启动面积控制在 120 平方公里以内。重点发展跨国公司地区运营管理、订单中心、结算中心等总部经济，积极发展生物医药、集成电路、工业互联网、高端装备制造业等前沿产业，大力发展大宗商品、金融服务、数字贸易等新型国际贸易，推动统筹国际业务、跨境金融服务、前沿科技研发、跨境服务贸易等功能集聚。

实施特殊开放政策。对标国际上公认的竞争力最强的自由贸易园区，选择国家战略需要、国际市场需求大、对开放度要求高但其他地区尚不具备实施条件的重点领域，实施具有较强国际市场竞争力的开放政策和制度，加大开放型经济的风险压力测试。推进投资贸易自由化便利化，实现区内与境外之间的投资经营便利、货物自由进出、资金流动便利、运输高度开放、人员自由执业、信息快捷联通，打造更具国际市场影响力和竞争力的特殊经济功能区。

第二节　推进投资贸易自由化便利化

实行投资自由。借鉴国际上自由贸易园区的通行做法，实施外商投资安全审查制度，进一步减少投资限制。实施更加便利的商事制度，完善外资企业投资服务体系，放宽外资企业注册资本、投资方式等限制，促进各类市场主体公平竞争。

实行贸易自由。取消不必要的贸易监管、许可和程序要求，实行高标准的货物贸易便利化和服务贸易自由化。对境外抵离海关围网区域的货物，探索实施以安全监管为主、更高水平贸易自由化便利化监管模式，提高口岸监管服务效率，增强国际中转集拼枢纽功能。推进服务贸易自由化，加快文化服务、技术产品、信息通讯、医疗健康等资本技术密集型服务贸易发展，创新跨境电商服务模式，鼓励跨境电商企业在区内建立国际配送平台，允许具有境外职业资格的金融、建筑、规划、专利代理等服务领域专业人才经备案后为区内企业提供专业服务。

实行资金自由。在风险可控的前提下,按照法律法规规定,借鉴国际通行的金融监管规则,进一步简化优质企业跨境人民币业务办理流程,推动跨境金融服务便利化。探索区内资本自由流入流出和自由兑换。支持区内企业参照国际通行规则依法合规开展跨境金融活动,在依法合规、风险可控、商业可持续的前提下支持金融机构为区内企业提供跨境金融服务。

实行国际运输自由。提升拓展全球枢纽港功能,在沿海捎带、国际船舶登记、国际航权开放等方面加强探索,提高对国际航线、货物资源的集聚和配置能力。进一步完善启运港退税相关政策,优化监管流程,扩大中资方便旗船沿海捎带政策实施效果,研究在对等原则下外籍国际航行船舶开展以洋山港为国际中转港的外贸集装箱沿海捎带业务。推动浦东机场与"一带一路"国家(地区)扩大包括第五航权在内的航权安排,吸引相关国家(地区)航空公司开辟经停航线。

实行人员从业自由。放宽现代服务业高端人才从业限制,在人员出入境、外籍人才永久居留等方面实施更加开放便利的政策措施。建立外国人在区内工作许可制度和人才签证制度,提高外籍高端人才参与创新创业的出入境和停居留便利化程度。为外籍人才申请永久居留提供便利。探索实施外籍人员配额管理制度,为区内注册企业急需的外国人才提供更加便利的服务。

提升网络信息服务能力。建设完备的国际通信设施,加快5G、云计算、物联网等新一代信息基础设施建设,提升区内宽带接入能力、网络服务质量和应用水平。

第三节 完善配套制度和监管体系

创新税制安排。探索实施具有国际竞争力的税收制度安排。对境外进入海关围网区内的货物、海关围网区内企业之间的货物交易和服务实行特殊的税收政策。扩大新片区服务出口增值税政策适用范围,研究适当的支持境外投资和离岸业务发展的新片区税收政策。在新片区集成电路、人工智能、生物医药等重点产业领域的关键环节,研究税收支持政策。

建立健全风险安全监管体系。以风险防控为底线,分类监管、协同监管、智能监管为基础,全面提升风险防范和安全监管水平。高标准建设智能化监管基础设施,实现监管信息互联互认共享。强化边界安全,守住"一线"国门安全、"二线"经济社会安全。加强信用分级管理,按照"守法便利"原则,把信用等级作为区内企业享受优惠政策和制度便利的重要依据。对金融、知识产权、生产安全、人员进出、反恐怖、反洗钱等重点领域,实施严格监管、精准监管、有效监管。

第四节　带动长三角新一轮改革开放

定期总结评估新片区在投资管理、贸易监管、金融开放、人才流动、运输管理、风险管控等方面的制度经验,制定推广清单,明确推广范围和监管要求,按程序报批后有序推广实施。加强自由贸易试验区与海关特殊监管区域、经济技术开发区联动,放大自由贸易试验区辐射带动效应。

第十二章　推进规划实施

加强党对长三角一体化发展的领导,明确各级党委和政府职责,建立健全实施保障机制,确保规划纲要主要目标和任务顺利实现。

第一节　加强党的集中统一领导

坚定不移加强党的全面领导,增强"四个意识",

坚定"四个自信",做到"两个维护"。充分发挥党总揽全局、协调各方的领导核心作用,把党的领导始终贯穿长三角一体化发展的全过程。切实加强党对长三角一体化发展的领导,涉及的重大事项决策、重大规划制定和调整必须报党中央、国务院审定。充分发挥党的各级组织在推进长三角一体化发展中的领导作用和战斗堡垒作用,激励干部担当作为,全面调动各级干部干事创业的积极性、主动性、创造性,为实现规划纲要目标任务提供坚强的领导保障。

第二节 强化组织协调

长三角一体化发展是新时代党中央、国务院确定的重大战略。各级党委和政府要认真贯彻党中央、国务院战略部署,履行好本级党委和政府职责,激发各类主体的活力和创造力,组织动员全社会力量落实规划纲要,形成推动长三角一体化发展的强大合力。成立推动长三角一体化发展领导小组,统筹指导和综合协调长三角一体化发展战略实施,研究审议重大规划、重大政策、重大项目和年度工作安排,协调解决重大问题,督促落实重大事项,全面做好长三角一体化发展各项工作。领导小组办公室设在国家发展改革委,承担领导小组日常工作。

第三节　健全推进机制

上海市、江苏省、浙江省、安徽省作为推进长三角一体化发展的责任主体,要明确工作分工,完善工作机制,落实工作责任,制定具体行动计划和专项推进方案,把规划纲要确定的各项任务落到实处。要完善三级运作、统分结合的长三角区域合作机制。建立市场化、社会化推进机制,设立一批跨区域一体化运作的轨道交通、发展银行和社会组织管理等专业推进机构。各有关部门要按照职责分工,加强对规划纲要实施的指导,在相关专项规划编制、重大政策制定、重大项目安排、重大体制创新方面予以积极支持。

第四节　建立1+N规划政策体系

领导小组办公室要会同三省一市和有关部门,依据本规划纲要,抓紧组织编制基础设施互联互通、科创产业协同发展、城乡区域融合发展、生态环境共同保护、公共服务便利共享等专项规划,组织制定实施长三角生态绿色一体化发展示范区总体方案、中国(上海)自由贸易试验区新片区建设方案,研究出台创新、产业、人才、投资、金融等配套政策和综合改革措施,推动形成 1+N 的规划和政策体系。

第五节 抓好督促落实

在推动长三角一体化发展领导小组的直接领导下,领导小组办公室要加强规划纲要实施的跟踪分析、督促检查、综合协调和经验总结推广,全面了解规划纲要实施情况和效果,适时组织开展评估,协调解决实施中存在的问题,及时总结可复制可推广的政策措施。重大问题及时向党中央、国务院报告。完善规划实施的公众参与机制,广泛听取社会各界的意见和建议,营造全社会共同推动长三角一体化发展的良好氛围。

图书在版编目（CIP）数据

长江三角洲区域一体化发展规划纲要. —北京：人民出版社,2019.12

ISBN 978－7－01－021624－9

Ⅰ.①长… Ⅱ. Ⅲ.①长江三角洲-区域经济发展-经济一体化-
经济规划 Ⅳ.①F127.5

中国版本图书馆 CIP 数据核字（2019）第 275547 号

长江三角洲区域一体化发展规划纲要
CHANGJIANG SANJIAOZHOU QUYU YITIHUA FAZHAN GUIHUA GANGYAO

人民出版社 出版发行

（100706 北京市东城区隆福寺街 99 号）

北京新华印刷有限公司印刷 新华书店经销

2019 年 12 月第 1 版 2019 年 12 月北京第 1 次印刷
开本:880 毫米×1230 毫米 1/32 印张:2.5
字数:39 千字

ISBN 978－7－01－021624－9 定价:5.00 元

邮购地址 100706 北京市东城区隆福寺街 99 号
人民东方图书销售中心 电话 (010)65250042 65289539